KFZ Halter

Name

Adresse

Telefon

Fahrzeugdaten

Kennzeichen

Marke

Modell

Baujahr

Gekauft am

Datum	Fahrzeit von - bis	Route	Reisezweck + besuchte Person, Firma, Behörde

Notizen ✏

Anfangs-kilometerstand	End-kilometerstand	Gefahrene KM			Fahrer
		privat	Wohn. / Arbeit	gesch.	

Datum	Fahrzeit von - bis	Route	Reisezweck + besuchte Person, Firma, Behörde

Notizen ✏

Anfangs-kilometerstand	End-kilometerstand	Gefahrene KM			Fahrer
		privat	Wohn. / Arbeit	gesch.	

Datum	Fahrzeit von - bis	Route	Reisezweck + besuchte Person, Firma, Behörde

Notizen ✏

Anfangs-kilometerstand	End-kilometerstand	Gefahrene KM			Fahrer
		privat	Wohn. / Arbeit	gesch.	

Datum	Fahrzeit von - bis	Route	Reisezweck + besuchte Person, Firma, Behörde

Notizen ✏

Anfangs-kilometerstand	End-kilometerstand	Gefahrene KM			Fahrer
		privat	Wohn. / Arbeit	gesch.	

Datum	Fahrzeit von - bis	Route	Reisezweck + besuchte Person, Firma, Behörde

Notizen ✎

Anfangs-kilometerstand	End-kilometerstand	Gefahrene KM			Fahrer
		privat	Wohn. / Arbeit	gesch.	

Datum	Fahrzeit von - bis	Route	Reisezweck + besuchte Person, Firma, Behörde

Notizen ✏

Anfangs-kilometerstand	End-kilometerstand	Gefahrene KM			Fahrer
		privat	Wohn. / Arbeit	gesch.	

Datum	Fahrzeit von - bis	Route	Reisezweck + besuchte Person, Firma, Behörde

Notizen 🖉

Anfangs-kilometerstand	End-kilometerstand	Gefahrene KM			Fahrer
		privat	Wohn. / Arbeit	gesch.	

Datum	Fahrzeit von - bis	Route	Reisezweck + besuchte Person, Firma, Behörde

Notizen ✏

Anfangs-kilometerstand	End-kilometerstand	Gefahrene KM			Fahrer
		privat	Wohn. / Arbeit	gesch.	

Datum	Fahrzeit von - bis	Route	Reisezweck + besuchte Person, Firma, Behörde

Notizen ✏

Anfangs-kilometerstand	End-kilometerstand	Gefahrene KM			Fahrer
		privat	Wohn. / Arbeit	gesch.	

Datum	Fahrzeit von - bis	Route	Reisezweck + besuchte Person, Firma, Behörde

Notizen ✏

Anfangs-kilometerstand	End-kilometerstand	Gefahrene KM			Fahrer
		privat	Wohn. / Arbeit	gesch.	

Datum	Fahrzeit von - bis	Route	Reisezweck + besuchte Person, Firma, Behörde

Notizen ✏️

Anfangs-kilometerstand	End-kilometerstand	Gefahrene KM			Fahrer
		privat	Wohn. / Arbeit	gesch.	

Datum	Fahrzeit von - bis	Route	Reisezweck + besuchte Person, Firma, Behörde

Notizen ✏

Anfangs-kilometerstand	End-kilometerstand	Gefahrene KM			Fahrer
		privat	Wohn. / Arbeit	gesch.	

Datum	Fahrzeit von - bis	Route	Reisezweck + besuchte Person, Firma, Behörde

Notizen ✏

Anfangs-kilometerstand	End-kilometerstand	Gefahrene KM			Fahrer
		privat	Wohn. / Arbeit	gesch.	

Datum	Fahrzeit von - bis	Route	Reisezweck + besuchte Person, Firma, Behörde

Notizen ✏

Anfangs-kilometerstand	End-kilometerstand	Gefahrene KM			Fahrer
		privat	Wohn. / Arbeit	gesch.	

Datum	Fahrzeit von - bis	Route	Reisezweck + besuchte Person, Firma, Behörde

Notizen ✏

Anfangs-kilometerstand	End-kilometerstand	Gefahrene KM			Fahrer
		privat	Wohn. / Arbeit	gesch.	

Datum	Fahrzeit von - bis	Route	Reisezweck + besuchte Person, Firma, Behörde

Notizen ✏

Anfangs-kilometerstand	End-kilometerstand	Gefahrene KM			Fahrer
		privat	Wohn. / Arbeit	gesch.	

Datum	Fahrzeit von - bis	Route	Reisezweck + besuchte Person, Firma, Behörde

Notizen ✏

Anfangs-kilometerstand	End-kilometerstand	Gefahrene KM			Fahrer
		privat	Wohn. / Arbeit	gesch.	

Datum	Fahrzeit von - bis	Route	Reisezweck + besuchte Person, Firma, Behörde

Notizen ✏

Anfangs-kilometerstand	End-kilometerstand	Gefahrene KM			Fahrer
		privat	Wohn. / Arbeit	gesch.	

Datum	Fahrzeit von - bis	Route	Reisezweck + besuchte Person, Firma, Behörde

Notizen ✏

Anfangs-kilometerstand	End-kilometerstand	Gefahrene KM			Fahrer
		privat	Wohn. / Arbeit	gesch.	

Datum	Fahrzeit von - bis	Route	Reisezweck + besuchte Person, Firma, Behörde

Notizen 🖉

_____
_____
_____
_____

Anfangs-kilometerstand	End-kilometerstand	Gefahrene KM			Fahrer
		privat	Wohn. / Arbeit	gesch.	

Datum	Fahrzeit von - bis	Route	Reisezweck + besuchte Person, Firma, Behörde

Notizen ✏

Anfangs-kilometerstand	End-kilometerstand	Gefahrene KM			Fahrer
		privat	Wohn. / Arbeit	gesch.	

Datum	Fahrzeit von - bis	Route	Reisezweck + besuchte Person, Firma, Behörde

Notizen ✏

Anfangs-kilometerstand	End-kilometerstand	Gefahrene KM			Fahrer
		privat	Wohn. / Arbeit	gesch.	

Datum	Fahrzeit von - bis	Route	Reisezweck + besuchte Person, Firma, Behörde

Notizen ✏

Anfangs-kilometerstand	End-kilometerstand	Gefahrene KM			Fahrer
		privat	Wohn. / Arbeit	gesch.	

Datum	Fahrzeit von - bis	Route	Reisezweck + besuchte Person, Firma, Behörde

Notizen ✏

Anfangs-kilometerstand	End-kilometerstand	Gefahrene KM			Fahrer
		privat	Wohn. / Arbeit	gesch.	

Datum	Fahrzeit von - bis	Route	Reisezweck + besuchte Person, Firma, Behörde

Notizen ✏

Anfangs-kilometerstand	End-kilometerstand	Gefahrene KM			Fahrer
		privat	Wohn. / Arbeit	gesch.	

Datum	Fahrzeit von - bis	Route	Reisezweck + besuchte Person, Firma, Behörde

Notizen ✏️

Anfangs-kilometerstand	End-kilometerstand	Gefahrene KM			Fahrer
		privat	Wohn. / Arbeit	gesch.	

Datum	Fahrzeit von - bis	Route	Reisezweck + besuchte Person, Firma, Behörde

Notizen ✏️

Anfangs-kilometerstand	End-kilometerstand	Gefahrene KM			Fahrer
		privat	Wohn. / Arbeit	gesch.	

Datum	Fahrzeit von - bis	Route	Reisezweck + besuchte Person, Firma, Behörde

Notizen ✏

Anfangs-kilometerstand	End-kilometerstand	Gefahrene KM			Fahrer
		privat	Wohn. / Arbeit	gesch.	

Datum	Fahrzeit von - bis	Route	Reisezweck + besuchte Person, Firma, Behörde

Notizen ✏

Anfangs-kilometerstand	End-kilometerstand	Gefahrene KM			Fahrer
		privat	Wohn. / Arbeit	gesch.	

Datum	Fahrzeit von - bis	Route	Reisezweck + besuchte Person, Firma, Behörde

Notizen ✏

Anfangs-kilometerstand	End-kilometerstand	Gefahrene KM			Fahrer
		privat	Wohn. / Arbeit	gesch.	

Datum	Fahrzeit von - bis	Route	Reisezweck + besuchte Person, Firma, Behörde

Notizen ✏

Anfangs-kilometerstand	End-kilometerstand	Gefahrene KM			Fahrer
		privat	Wohn. / Arbeit	gesch.	

Datum	Fahrzeit von - bis	Route	Reisezweck + besuchte Person, Firma, Behörde

Notizen ✏

Anfangs-kilometerstand	End-kilometerstand	Gefahrene KM			Fahrer
		privat	Wohn. / Arbeit	gesch.	

Datum	Fahrzeit von - bis	Route	Reisezweck + besuchte Person, Firma, Behörde

Notizen ✏️

Anfangs-kilometerstand	End-kilometerstand	Gefahrene KM			Fahrer
		privat	Wohn. / Arbeit	gesch.	

Datum	Fahrzeit von - bis	Route	Reisezweck + besuchte Person, Firma, Behörde

Notizen ✏

Anfangs-kilometerstand	End-kilometerstand	Gefahrene KM			Fahrer
		privat	Wohn. / Arbeit	gesch.	

Datum	Fahrzeit von - bis	Route	Reisezweck + besuchte Person, Firma, Behörde

Notizen ✏

Anfangs-kilometerstand	End-kilometerstand	Gefahrene KM			Fahrer
		privat	Wohn. / Arbeit	gesch.	

Datum	Fahrzeit von - bis	Route	Reisezweck + besuchte Person, Firma, Behörde

Notizen ✏

Anfangs-kilometerstand	End-kilometerstand	Gefahrene KM			Fahrer
		privat	Wohn. / Arbeit	gesch.	

Datum	Fahrzeit von - bis	Route	Reisezweck + besuchte Person, Firma, Behörde

Notizen ✏

Anfangs-kilometerstand	End-kilometerstand	Gefahrene KM			Fahrer
		privat	Wohn. / Arbeit	gesch.	

Datum	Fahrzeit von - bis	Route	Reisezweck + besuchte Person, Firma, Behörde

Notizen 🖉

Anfangs-kilometerstand	End-kilometerstand	Gefahrene KM			Fahrer
		privat	Wohn. / Arbeit	gesch.	

Datum	Fahrzeit von - bis	Route	Reisezweck + besuchte Person, Firma, Behörde

Notizen ✏

Anfangs-kilometerstand	End-kilometerstand	Gefahrene KM			Fahrer
		privat	Wohn. / Arbeit	gesch.	

Datum	Fahrzeit von - bis	Route	Reisezweck + besuchte Person, Firma, Behörde

Notizen ✎

Anfangs-kilometerstand	End-kilometerstand	Gefahrene KM			Fahrer
		privat	Wohn. / Arbeit	gesch.	

Datum	Fahrzeit von - bis	Route	Reisezweck + besuchte Person, Firma, Behörde

Notizen ✎

Anfangs-kilometerstand	End-kilometerstand	Gefahrene KM			Fahrer
		privat	Wohn. / Arbeit	gesch.	

Datum	Fahrzeit von - bis	Route	Reisezweck + besuchte Person, Firma, Behörde

Notizen ✏

Anfangs-kilometerstand	End-kilometerstand	Gefahrene KM			Fahrer
		privat	Wohn. / Arbeit	gesch.	

Datum	Fahrzeit von - bis	Route	Reisezweck + besuchte Person, Firma, Behörde

Notizen 🖉

Anfangs-kilometerstand	End-kilometerstand	Gefahrene KM			Fahrer
		privat	Wohn. / Arbeit	gesch.	

Datum	Fahrzeit von - bis	Route	Reisezweck + besuchte Person, Firma, Behörde

Notizen

Anfangs-kilometerstand	End-kilometerstand	Gefahrene KM			Fahrer
		privat	Wohn. / Arbeit	gesch.	

Datum	Fahrzeit von - bis	Route	Reisezweck + besuchte Person, Firma, Behörde

Notizen 🖉

Anfangs-kilometerstand	End-kilometerstand	Gefahrene KM			Fahrer
		privat	Wohn. / Arbeit	gesch.	

Datum	Fahrzeit von - bis	Route	Reisezweck + besuchte Person, Firma, Behörde

Notizen ✎

Anfangs-kilometerstand	End-kilometerstand	Gefahrene KM			Fahrer
		privat	Wohn. / Arbeit	gesch.	

Datum	Fahrzeit von - bis	Route	Reisezweck + besuchte Person, Firma, Behörde

Notizen ✎

Anfangs-kilometerstand	End-kilometerstand	Gefahrene KM			Fahrer
		privat	Wohn. / Arbeit	gesch.	

Datum	Fahrzeit von - bis	Route	Reisezweck + besuchte Person, Firma, Behörde

Notizen ✏️

Anfangs-kilometerstand	End-kilometerstand	Gefahrene KM			Fahrer
		privat	Wohn. / Arbeit	gesch.	

Datum	Fahrzeit von - bis	Route	Reisezweck + besuchte Person, Firma, Behörde

Notizen ✏

Anfangs-kilometerstand	End-kilometerstand	Gefahrene KM			Fahrer
		privat	Wohn. / Arbeit	gesch.	

Datum	Fahrzeit von - bis	Route	Reisezweck + besuchte Person, Firma, Behörde

Notizen ✏

Anfangs-kilometerstand	End-kilometerstand	Gefahrene KM			Fahrer
		privat	Wohn. / Arbeit	gesch.	

Datum	Fahrzeit von - bis	Route	Reisezweck + besuchte Person, Firma, Behörde

Notizen ✎

Anfangs-kilometerstand	End-kilometerstand	Gefahrene KM			Fahrer
		privat	Wohn. / Arbeit	gesch.	

Datum	Fahrzeit von - bis	Route	Reisezweck + besuchte Person, Firma, Behörde

Notizen ✏

Anfangs-kilometerstand	End-kilometerstand	Gefahrene KM			Fahrer
		privat	Wohn. / Arbeit	gesch.	

Datum	Fahrzeit von - bis	Route	Reisezweck + besuchte Person, Firma, Behörde

Notizen ✏

Anfangs-kilometerstand	End-kilometerstand	Gefahrene KM			Fahrer
		privat	Wohn. / Arbeit	gesch.	

Notizen ✏

www.ingramcontent.com/pod-product-compliance
Lightning Source LLC
Chambersburg PA
CBHW070659220526
45466CB00001B/503